그대는 계절처럼 왔다

끌림 詩集 005

그대는 계절처럼 왔다

천승옥 4시집

끌림

시인의 말

봄의 꽃잎처럼, 여름의 바람처럼,
가을의 노을과 겨울의 적막처럼,
당신은 계절마다 다르게 다가왔습니다.
그 다름 속에는 익숙한 위로가 있었고,
그리움과 설렘이 조용히 피어났습니다.

이 시들은 지나온 계절의 마음을 따라
소리 없이 돋아난 생각들과,
당신을 향해 조심스레 건네는 말들입니다.
계절이 바뀌어도 쉽게 사라지지 않는 감정들,
그 흔적을 따라 한 편, 한 편 써내려갔습니다.

이 시집이 당신의 하루에도
작은 숨결처럼 다가가기를 바랍니다.
문득 펼친 페이지에서
당신의 마음을 발견하게 되기를.

2025년 여름
천승옥

차례

시인의 말 ———————————————— 005

1부 · 겨울의 서곡

겨울의 서간 ———————————————— 013
고독의 기슭 ———————————————— 014
숨, 꽃이 되다 ———————————————— 015
타짜 엄마 ———————————————— 016
떠남의 잔상 ———————————————— 018
기억이 내려앉는 방식 ———————————————— 019
첫 향, 다시 하루 ———————————————— 020
사랑이 다가올 때 ———————————————— 021
들길에서 부르는 이름 ———————————————— 022
말 없이 마시는 그 이름 ———————————————— 023
눈 위에 남긴 입술 ———————————————— 024
봄의 입술 ———————————————— 026
비에 젖은 이름 ———————————————— 027
밤의 연등 ———————————————— 028
첫 빛의 속눈썹 ———————————————— 029
별 아래 피는 마음 ———————————————— 030
숨결 따라 걷는 길 ———————————————— 032
꽃비 아래 숨 ———————————————— 033
수선화의 아침 ———————————————— 034
7월의 너에게 ———————————————— 036

2부 · 생명의 숨결과 사랑의 빛깔

비가 머문 마음	039
고요한 그늘 아래	040
하늘물빛정원	042
숨결 따라 걷는 길	043
봄의 속삭임	044
비 향기 속 머무는 숨결	046
그대에게로 스민 길	047
찔레꽃 그리움	048
아삭한 봄	049
그대 머무는 곳마다	050
피어나는 노래	051
꽃잎으로 듣는 말	052
빛보다 너	053
꽃이 지나간 자리	054
푸른 숨결 제주	055
그리움의 해안선	056
피어나는 잔	058
유월의 숨결	059
보이지 않는 것들의 빛	060
풀잎 위로 걸어오다	062

3부 · 계절의 시선

그대 쪽으로 기우는 마음 —————— 065
오이지 ————————————— 066
금빛 속삭임 ————————————— 067
푸른 달 ————————————— 068
봄으로 난 길 ————————————— 069
그 밤에 피다 ————————————— 070
빛이 피어나는 자리 ————————————— 072
진달래 연가 ————————————— 073
그대에게 피어나는 봄 ————————————— 074
바람의 자리 ————————————— 075
틈새에 피는 노래 ————————————— 076
비의 의자 ————————————— 077
너라는 별 ————————————— 078
스무살을 붙이는 밤 ————————————— 079
그 말 한 마디 ————————————— 080
가을이 건네준 자리 ————————————— 081
풀꽃 반지의 마법 ————————————— 082
너는 불씨처럼 ————————————— 084
가을의 귀향은 아직 ————————————— 086
하늘거리는 고백 ————————————— 088

4부 • 밤과 별, 그리고 빛의 노래

피어나는 길 ——————————— 091
파랑새는 내 안에 있다 ——————— 092
멈춘 자리에서 피는 길 ——————— 094
향기처럼 머무는 눈빛 ——————— 095
초대 없는 잔치 ——————————— 096
불꽃이 지나간 자리 ————————— 098
시들지 않는 별의 자리 ——————— 100
달빛 붉게 물든 밤 ————————— 102
그대라는 별빛 ——————————— 103
눈 속에 내리신 빛 ————————— 104
안부의 노래 ———————————— 106
향기가 머문 자리 ————————— 108
라일락의 숨결 아래 ———————— 110
초록의 숨결 속으로 ———————— 111
그대는 매일 처음처럼 ——————— 112
그대 쪽으로 피어 ————————— 113
그대의 이름으로 ————————— 114
향기에 빠지다 ——————————— 116
초록의 언약 ———————————— 117
심장의 한쪽 ———————————— 118

1부
겨울의 서곡

겨울의 서간

눈 덮인 정원
너의 마음이
꽃보다 먼저 피었다

시클라멘, 크리스마스로즈—
가장 깊은 추위에
설렘으로 타오른 이름들

함께한 시간은
팬지 향처럼 작고,
은근히 오래 스며든다

수선화, 복수초, 풍년화 아래
겨울은
봄의 첫 장을 넘기고

너는 내 정원에 도착한
한 통의 편지
아직 피지 않은 것들보다
더 따뜻한

고독의 기슭

삶은
늘 외투처럼 걸치는
고독의 직물

어쩌면 우리는
고요한 예술가
혼자의 그림자를 스케치하며 산다

하루쯤,
일상을 벗고
고독을 짓는 일

그 시도만으로도
마음 어귀
햇살 한 줌 스민다

숨, 꽃이 되다

세상 가장 여린 숨결 하나
눈을 뚫고 올랐다

돌매화—
이름부터 단단한 사랑

바람의 등 뒤에서
묵묵히 기다린 끝에
차가운 빛을 열어 보인다

한 점 침묵으로 선 너,
겨울의 가장자리에서
눈부신 첫 문장이 된다

타짜 엄마

추위 속,
나이의 무게를 지닌 딸들 곁에
더 깊어진 시간의 엄마가 앉는다

방 안, 고요를 깨는 붓질들
동양화처럼 차곡차곡 쌓여가는 순간들

문 밖은 눈이 쌓여
세상을 숨죽이는데

손끝에선 점당 열 점 내기 화투,
비광과 달광 사이로
웃음꽃이 피어난다

벚꽃과 난초, 홍싸리,
친구처럼 무리지어 찾아와
그늘진 겨울을 환히 밝히고

숨 막히게 피어난 꽃들의 전쟁,

엄마 얼굴 위로 스며드는
희미한 웃음의 빛

그 웃음은
언제나
가장 깊은 봄이다

떠남의 잔상

나무는 알고 있었다
빈 그릇 되어야
다음 봄 햇살 품을 수 있음을

잎들은 제 몸을 내어주고
어둠 속에 깃든 말 없는 약속을 남긴다

텅 빈 자리,
새싹의 숨결이 자라는 곳

비움은 다시 채움의 씨앗,
사라짐 속에 깃든 무한한 시작

기억이 내려앉는 방식

한가로이
커피가
거름종이 속으로 스미듯

너의 기억도
조용히
내 안에 내려앉는다

멍하니,
그저
머무는 향 하나

첫 향, 다시 하루

매일
너를 맞이하는 내 마음은
첫눈처럼 새롭다

너의 향기,
달콤한 비밀처럼
숨결 사이로 스며들고

나는 또
그 유혹에
조용히 젖어든다

매일 아침
너의 향에 잠겨
다시 태어나는 나

커피 한 잔—
작고 따뜻한
하루의 시작

사랑이 다가올 때

온다
차갑고 고요한 겨울이
조용히 문을 두드린다

그 속에
우리의 숨결이
따뜻하게 물들고

서로의 온기 속에서
아름답게 불타는
겨울 사랑이 온다

뜨겁게
얼어붙은 시간 너머로
깊고 선명하게 온다

들길에서 부르는 이름

소담한 네 웃음에
내 마음 머물고

은은히 퍼지는 향기 속
작은 미소 하나 피어난다

상큼한 바람 따라
그리운 얼굴 스며오고
햇살처럼
내 가슴 가득 쏟아진다

너에게 어울리는
이름 하나
조용히 불러보며

우리,
한 번 더
같이 웃는다

말 없이 마시는 그 이름

오늘도
어느 낭송가의 숨결 속
시 한 줄이 풀려 나오고

그 여운,
조용히 머릿속을 맴돈다

갈색으로 쏟아지는
빛바랜 추억들 사이
숨죽였던 그리움이
이슬처럼 맺히고

바람 좋은 날
짙은 커피 한 잔에
말 없이 마시는
그 이름 하나

눈 위에 남긴 입술

수줍은 뺨 닮은
동백 한 송이,
하얀 눈 위에 은밀히 피었다

그 계절
설렘은
촘촘히 내려앉고

너의 숨결처럼
순결한 향기 하나
붉게 타오른다

차가운 겨울
누굴 향해
꽃길을 남겼을까

말없이,
화려함을 품고 선
한 점 불꽃

〉
그대여―
이토록 고요한
붉은 속삭임

봄의 입술

상큼한 속삭임
계절의 문턱에서
너는 붉은 숨결로 다가온다

달콤한 향기
싱그럽게 번져
한 움큼 웃음을 건네고

그 향기 따라
우리 마음 안쪽에
봄이 피어난다

향긋한 미소가
너를 닮아
가만히 설레게 하고

나는
조용히
너에게 스며든다

비에 젖은 이름

밤새 내린 비
그리움으로 번진
연둣빛 발자국 하나
조용히 내 마음에 스며든다

전하지 못한 마음이
물기 어린 공기에 묻혀
천천히 다가온다

떨어지는 빗소리에
귀 기울이며
한 걸음, 또 한 걸음
그대에게 젖어든다

봄비처럼
반가운 이슬결
촉촉이 피어나는 너의 품

밤의 연등

이른 봄밤
나무 위
하얀 연꽃 하나 피었다

그 빛 아래
어둠이 숨을 고르고

순백의 등불 곁
그대와 나란히
향기 걷듯
느릿한 길을 지난다

그리운 손길
조용히 품어주는 밤

첫 빛의 속눈썹

어둠 깃든 대지 위
연보랏빛 봄까치꽃
한 송이
소리 없이 웃는다

꿈틀거리는 숨결
뒤척이는 잠결 너머
우주는
비로소 눈을 뜬다

별 아래 피는 마음

밤하늘에
영롱한 별 하나,
이 밤 꽃처럼
가슴을 적신다

멈출 듯 짙은 향기 속
고요히 심어진 사랑

꽃잎 지는 날
내 마음도 함께
떨어질까,

아직은
아니라고 말하며
참아낸 눈물 하나

달빛 아래
만개한 그리움—
언제 다시 피어날까

〉
그대 없는 밤
별 하나에도
사무치는 마음이 스민다

숨결 따라 걷는 길

귓가에 맴도는
그대의 다정한 숨결,
오늘도
나를 조용히 살아 있게 한다

그리움 하나 품고
꽃처럼 고운 너를 향해
걸음을 옮긴다

푸른 하늘 아래
들꽃처럼 피어난 순간,
행복이
내 마음을 물들인다

그 향기 속에서
아름답게 번지는
너의 빛

꽃비 아래 숨

겹겹이 내려앉는
분홍빛 꽃잎—
봄의 선물처럼
눈부신 꽃비 되어
세상 위로 쏟아진다

길가에 선
이름 모를 이에게도
향기로운 웃음 하나
슬며시 건네는 벚꽃

기쁨과 숨결이
고요히 번지는 계절

그 속에서
우리는
작게 피어나 웃는다

수선화의 아침

향기 가득
낮은 곳에서
노랗게 피어난 너,

작은 흙 한 줌 속에서도
참 맑게 빛난다

고요한 여명처럼
희망을 속삭이며 다가와

새들의 첫 노래에
눈을 뜨면

이슬 한 방울 속
목을 적시고

햇살이 건네는
달콤한 미소로
하루를 연다

〉
너를 볼 수 있어
아침이 다시
기다림이 된다

7월의 너에게

풀잎이 향으로 숨 쉬는 날,
햇살을 따라 고개 드는 꽃처럼
나도 웃고 싶었다
네 하루가 맑아지길 바라며

여름이 열매를 익히는 동안
나는 그늘 깊은 나무가 되어
네 곁에 조용히 서 있고 싶었다
숨결처럼, 가볍고 따뜻하게

섬섬한 빛 스며든 손끝으로
무궁화 한 송이 꺾어
'희망'이라 적은 작은 쪽지를
살며시 너에게 건넨다

2부
생명의 숨결과 사랑의 빛깔

비가 머문 마음

비 내리는 아침
마음 깊은 먼지를
조용히 적시는 날

묵은 감정들
빗물 따라
조용히 흘러가고

편지 한 통
커피 한 잔
그리운 얼굴 하나
창가에 피어난다

비가 와서
더 따뜻해진 오늘

젖은 마음
은근히 빛난다

고요한 그늘 아래

세상에서 가장
든든했던 사람, 아버지

묵묵한 손길로
흙먼지 속을 걷고
그 누구보다
빠르게, 바쁘게
하루를 살아내셨다

세월이 지나
고목처럼 굳어진 어깨
그 든든함은
빛바랜 사진 속
고요히 머문다

찬란했던 시간들
모닥불처럼
서서히 잦아들고

이제는
좋아하시던 음식
편히 드시고
그늘처럼,
우리 곁에 오래 머무시길

하늘물빛정원

청아한 하늘 아래
초록 숲결이 번지고

넓은 뜨락 가득
꽃 한 송이 조용히 피어난다

은은한 향기
가만히 마음을 흔들고

고운 호반 따라
풀잎 길을 걷다 보면

하늘빛 스민
물빛 정원에서
마음이 천천히 열린다

꽃처럼 피어난
그 자리—
행복이 머문다

숨결 따라 걷는 길

내소사 푸른 기운
봄바람에 실려
마음 깊은 골짜기를 스민다

천 년 품은 느티나무 숲
전나무 숨결 따라
장엄한 침묵이 다가온다

속삭이듯
말을 건네는 그리움,

향기로운 꽃송이 되어
고요를 물들이고
화려함과 고요 사이
한 줌 빛으로 내려앉는다

그 찰나
시간은
숨을 멈춘다

봄의 속삭임

봄이란,
그저 꽃잎이 살랑이고
따스한 햇살이 내리쬐는 날만은 아니니

내 사랑하는
그대 웃음 속에서
살며시 피어나는
포근한 숨결이야말로

가장 빛나는 봄이다

그대 행복이
내 안에 꽃망울 되어
세상 모든 계절보다
더 환히 빛나고

그래서 봄은
멀리 있지 않다
우리 마음 깊은 곳

살짝 자리한 빛

그대와 내가
함께 걷는 이 길 위에
언제나 봄은
조용히 피어 있다

비 향기 속 머무는 숨결

비 내리는 날
향긋한 커피 한 잔처럼
포근히 다가와
숨결로 스며드는 그대

그윽한 향기
행복이 머물던 시간,
오늘도
고요히 마음을 덮는다

그대와 나누던
조용한 순간들에
내 마음, 천천히 머문다

빗소리 사이
멋스러운 잔 하나 놓고
그대 향처럼
잔잔히 번지는 시간

그대에게로 스민 길

햇살은 바람을 안고
구름은 젖은 숨결로
마음 깊이 스며든다

세월의 흐름 속
지워지지 않은 그리움은
계절의 글씨로 새겨지고

싱그러운 치자꽃 향기
아늑히 번지는 그곳을 향해

가슴에 길을 내어
너의 맑은 웃음을
조용히 찾아 나선다

찔레꽃 그리움

그리움 한 송이
찔레꽃으로 피어나

실바람 따라
깊은 향기 머금고

그대 곁에
꽃내음 되어
소리 없이 스며든다

설렘 또한
찔레처럼 붉게
고요히 번진다

아삭한 봄

파릇한 새싹의 숨결처럼
너의 향기, 조용히 다가와
싱그럽게 스민다

짙은 풀내음
입안 가득 퍼지는
신선한 초록의 맛

아삭한 숨결 속
자연의 생명 하나
숨죽여 깨어난다

그대 머무는 곳마다

햇살이 무겁게 내려앉은 날
그대의 시선은
꽃향기로 번져 퍼지고

봄바람에 흔들리는
도시의 숨결 속
나는 홀로, 조용히 취한다

스쳐가는 인연들
스며드는 풍경들—
그 모두가
우리의 하루이자
삶의 살갗이 된다

그대 머무는 자리마다
희망이라는
작은 꽃 한 송이
소리 없이 뿌리내린다

피어나는 노래

꽃바람 스며들면
꽃잎은
은밀한 노래를 건넨다

향기 어린 숨결에
가볍게 취해
꽃길 따라 발걸음이 흐른다

바람결에 실린 연주 속
사랑은 조용히
꽃망울을 터뜨리고

미소 짓는 행복—
끝없이 펼쳐진 길 위로
살며시 내려앉는다

꽃잎으로 듣는 말

그날,
길모퉁이 햇살에
너의 얼굴이
미소처럼 피어났다

바람결 따라 스민 향기처럼
말없이 다가온
다정한 사람 하나

익숙한 반가움이
숨결 깊이 물들고

붉은 속삭임은
싱그러운 꽃잎 되어
내 하루를 천천히 물들였다

빛보다 너

밤하늘 가득
수많은 별이 쏟아져도

내게는
아무 빛도 닿지 않네

이미 내 마음엔
그대라는
하나의 이름이 차올라

그대이기에
나는 사랑이라는
깊은 어둠 속에서
오히려 환히 산다

꽃이 지나간 자리

숨결로 피어난
빨간 꽃 한 송이—
오월의 심장에 새겨진다

어느 길목,
잠든 시간의 틈으로
낯익은 얼굴 하나 머문다

그리움은
뿌리 깊은 흙 속에서
잊힌 이름처럼 붉게 번지고

향기 된 바람결 따라
나비 한 마리
머뭇머뭇 돌아와

그 고운 자태,
서서히
내 안으로 스며든다

푸른 숨결 제주

제주,
푸른 숨결 따라
카멜리아 한 송이
고요히 피어난다

알록달록 수국은
햇살을 베고 누워
계절의 어깨 위에
색을 덧입힌다

세상에,
이토록 고운 꽃들—
화려함 너머
우아함을 묵묵히 안은 얼굴들

사랑하지 않을 수 있을까
이 꽃의 섬,
숨결로 물드는 하루

그리움의 해안선

나이 들며
문득 묻는다
사랑의 무게는
그리움만큼 절절한가

파도 따라 스며드는
그대의 목소리—
지우려 할수록
더 깊어지는 물결

밀려와 속삭이고
밀려가며 남긴 것들

그리움 하나
자맥질하다
한숨처럼
바다 위에 부서지고

내 오래된 사랑,

지금도
물비늘 사이로 솟아올라
춤추듯 흔들린다

피어나는 잔

한 잔의 물 위에
말린 장미 한 송이

사랑처럼,
다시 붉게 피어난다

투명한 빛살 속
고요히 퍼지는 향기

시간은
꽃잎의 속도로 흐르고
마음 한켠,
다정한 온기로 물든다

작은 잔 하나
눈부신 하루를 품고
그윽한 너의 이름을
속삭인다

유월의 숨결

모든 빛이
연둣빛으로 물들고

햇살 품은 나무 아래
장미는 조용히 웃는다

새들의 노래는
숲을 따라 퍼지고
서쪽 하늘 양떼구름
노을빛으로 익어간다

그대 사랑하는 만큼
나도 나를 사랑하고 싶은 날

피어나던 장미 그늘 아래
고운 향기처럼
웃음 하나 피었다

보이지 않는 것들의 빛

사람들은
눈에 보이는 것에
가치를 매긴다

빛나는 껍질 아래
속살의 진실은
자주 잊힌다

화려한 이력보다
따뜻한 말투,
높은 키보다
낮출 줄 아는 마음

마음의 눈으로 보면
보이지 않던 것들이
가장 밝게 빛난다

오늘,
거울 대신

내 마음을 한 번
비춰본다

풀잎 위로 걸어오다

뻐꾸기 울음에
햇살이 고개를 들고
산빛이 느리게 눈을 뜬다

꽃잎 끝
이슬 하나 숨죽인 채 반짝이고,
산들결 따라 깨어난
검은 강아지,
느긋한 꿈을 물고 일어난다

어디선가 날아온 나비,
강아지 콧등에 잠시 머물다
향기 쫓아 사라진다

등굣길 아이들의 웃음 사이로
신록은 더 짙어지고
초록빛 이슬은
햇살에 젖은 채
풀잎 끝에서 춤춘다

3부
계절의 시선

그대 쪽으로 기우는 마음

보고 싶다
말하면
정말 올까

차라리
내가 바람 되어
그대 쪽으로 스며갈까

봄이 가고
여름이 오듯
마음은 자꾸
그대에게 기운다

기다림은
때로 아프고 길지만,
그 속엔
다 피지 않은
희망이 산다

오이지

오독,
아삭—
한 입 베어물면
햇살 든 여름이
입 안 가득 번진다

살짝 웃던 엄마 손맛이
노란 빛깔 속에 숨어 있고

식탁 위
말없이 놓인 한 접시,
그 속에
땀방울과 그리움이
절여져 있다

참,
맛있다
이 계절의 소리

금빛 속삭임

싱그러운 여름 아침,
이른 바람을 타고
금계국이 들녘을 물들인다

노란 입술로
햇살을 속삭이며
한들한들,
여름의 첫 장을 넘긴다

코스모스보다 먼저 핀
여름의 시
그대 가슴에도
살랑이는 꽃 한 송이

바람은 고요히 웃고
그 웃음 끝마다
노란 숨결이 흔들린다

푸른 달

춤추듯 피어난
성숙한 여인의 눈빛,
유월의 바람 속을 맴돈다

초록이 짙어지는 시간,
우리는
푸른 이정표 하나
숲속에 새겨 넣는다

한 발, 또 한 발
서로의 그림자에 기대며
숨결로 이어지는 길

함께 걸어요
이 계절의 심장 속을—
말없이도 아름다운
우리라는 이름으로

봄으로 난 길

길이 끝나도
당신은 멈추지 않았지
햇살 가장 드는 쪽으로
작은 꿈 하나를 심으며
걸음으로 길을 만들었지

그대의 발자국마다
꽃이 피고
숨결마다
사랑이 스며

그래서,
당신이 가는 곳마다
계절은 봄이 되었고
나는
그 길 끝에서
당신과 함께 걷고 싶어졌지

그 밤에 피다

오늘 밤
그리운 님이
바람 되어 올까

달고 달은 기다림 끝에
그리움만 붉게 익는다

봄이면 다시 오리라
믿었지

지친 봄바람
진달래 심장처럼
터지듯 피어나고

꽃 피는 사월의 긴 밤
너일 것만 같아
잠 못 이루고

귀 기울이며

야윈 얼굴로
가만히
길 끝을 밝힌다

빛이 피어나는 자리

새벽의 여백을 뚫고
하얀 숨결로 번지는
햇살 하나,
지붕 위에
찬란히 내려앉는다

그곳은
따뜻한 그림자가 깃들고
바람도 한숨을 고이 접는
해 뜨는 자리

창문 너머
먼 데서부터 날아든
희망의 날개가
고요히 퍼지고

빛은 매일 아침
우리의 얼굴에
노래처럼 스며든다

진달래 연가

기다림도 꽃이 되어
산등성이마다 피어난다

연분홍 바람,
그대 오는 길목마다
숨결처럼 퍼지는 향기

나는 오늘도
수줍은 눈인사 하나
가지 끝에 매달고
그대를 향해
살며시 젖는다

그리움이 머문 자리마다
진달래 붉게 번져
봄이 된다

그대에게 피어나는 봄

소리 없이 스며든 바람이
꽃내음 한 줌
내 코끝에 얹고 간다

햇살도
수줍게 미소 지으며
그대 얼굴을 닮아간다

그대,
봄보다 먼저
내 안에 피는 사람—

계절마다 새롭게 다가와
내 마음 한편
향긋이 물들이는 이름

바람의 자리

그대 떠난 자리에
민들레 하나, 숨죽여 피고

무엇이 그리워
하늘을 향해
속삭임을 날렸을까

바람은
당신 이름을 실어
먼 곳으로 흩뿌린다

틈새에 피는 노래

세상은
틈마다 스미는 빛으로
조용히 물들고

아무도 눈 돌리지 않던
길모퉁이에서조차
함께 피어나는 숨결

하루를 견디며
아무 말 없이 서 있는
작은 것들 앞에서

나는
고개를 숙인다

사랑은
언제나 그곳에 먼저
와 있었다

비의 의자

비가 내리면
너에게 젖는다

커피 향 사이로
문득, 눈빛 하나
비에 스며 앉는다

수줍은 말들이
촉촉한 테이블 위에 고이고

오늘도
너와 마주 앉은
빈 의자 하나가
천천히 식어간다

너라는 별

밤마다
쏟아지는 별빛 속에도
나는 너 하나 찾는다

반짝이는 건 많지만
너의 침묵만이
가장 깊다

눈 감아도
너는
가장 멀리서
가장 가까이 빛난다

내 마음,
너라는 별 하나로
가득하다

스무살을 붙이는 밤

욕실 거울 앞,
잊힌 시절 하나
비닐을 벗고 깨어난다

한 장의 시트에
설레는 피부를 눌러 붙이며
나는
어제보다 조금 더 믿는다

주름진 하루 위에
스무 살을 얹는 일은
매번 설마지만,
오늘만은

거울 속 내가
살짝 웃는다

그 말 한 마디

오늘,
네 입술 끝에서
떨어지길 바랐어

짧은 숨결처럼,
꽃잎 지듯 가볍게라도

보고 싶었다고
많이, 많이

그리고
한 마디

사랑한다고

나는
그 말을,
오늘 하루
속으로 몇 번이나
되뇌었는지 몰라

가을이 건네준 자리

바람이 지나간 들녘에
조용히 마음을 내려놓는다

붉게 번지는 산빛
고요한 숨결이 되어
나를 부른다

하루의 무게를 벗고
햇살 한 줌에도
감사가 번진다

이 계절,
가을이 건네준 자리 위에
나는
향기로 잠시 머문다

풀꽃 반지의 마법

봄의 끝자락,
들판을 물들이던 초록 숨결 위에
너는
풀꽃 반지 하나로
세상을 내게 끼워주었지

그건
오직 너라서 가능한 마법 —

어릴 적
토끼풀 향 가득한 오후,
약지에 걸린 꽃 반지 하나에
햇살도 숨죽이며 머물렀다

다이아보다 눈부셨던
그 시절,
풀꽃처럼 가벼운 기쁨으로
세상을 다 가진 듯 웃던 나날

그 모든 순간이
지금도
너의 이름으로 반짝인다

너는 불씨처럼

너는 가끔
새벽 안개 속에서
불쑥 피어나는
작은 불씨 같다

지쳐 웅크린 내 하루에
작은 불꽃 하나 건네며
눈빛으로 말을 건다

"아직,
꺼지지 않았어"

그 말 한 줄기에
내 마음에도
다시,
빛이 타오른다

희망이란 말
너를 생각할 때마다

내 안에서
다시 태어난다

가을의 귀향은 아직

구름의 등짐을 진 채
내 마음은
먼 가을로 먼저 떠났다

저녁빛 붉게 타오르고
바람은 숨을 낮추어
슬며시 선율을 흘린다

익어가는 들녘의 냄새
잠든 시간 사이로 스며들고
나뭇잎 틈새로
가을은 느린 노래를 부른다

그 노래 따라
나는 느릿한 걸음으로
기억의 들판을 걷는다

가을은 언제나
돌아갈 수 없는 귀향—

기약 없는 기다림

나는 오늘도
구름 아래 묵은 그리움을
한 줌 품는다

하늘거리는 고백

들녘 끝,
너의 숨결이 닿은 자리마다
가을이 물든다

가볍게 떨리는
그대의 손짓—
하늘마저 꽃잎처럼 흔들린다

코스모스,
바람에 기댄 너를
내 눈 안에 가득 담는다

그 순간
가을이 말없이 웃는다

네 향기 따라
물결치듯 번지는 이 마음,
잔잔한 고백이 되어
내 안에 피어난다

4부
밤과 별, 그리고 빛의 노래

피어나는 길

막힌 길이어도
스스로 틔워 걷는 너,

햇살이 머무는 자리에
희망을 심고
멈춤 없이 나아간다

그리하여
너의 발자국마다
봄이 피어나고

꽃이 흐르며
사랑이 숨 쉬는
세상 가장 고운 길—

그 길 위에
나도 조용히
발을 맞추고 싶다

파랑새는 내 안에 있다

세 잎 사이
숨죽인 채
가늘게 깃든
네 잎의 속삭임

그것 하나에
시간을 허공에 흘려보내고

욕망의 그늘 아래
행복과 행운을
한 손에 쥐려
발버둥친다

세 잎은 노래한다
이것이 일상의 기쁨이라
네 잎은 속삭인다
내가 열어줄 문이 있다

우리는

지천에 핀
작은 기쁨들을 지나쳐
더 먼 희망만을 헤맨다

그러나
그토록 애타게 부르던
파랑새는

늘,
내 안
내 집 안
깊숙이 숨 쉬고 있었다

멈춘 자리에서 피는 길

길이 멈추는 곳에도
길은 숨 쉰다

끝자락에 선 누군가,
다시 걸음을 잇는다

강물은 흘러 멈추고
새들은 떠나 돌아오지 않아도
꽃잎 흩날린 빈 하늘 아래—

사랑이 다한 자리에
사랑으로 남는 이
스스로 사랑이 되어
끝없이 걷는 이가 있다

그대,
그리고
그대와 나란히 걷는
한 사람

향기처럼 머무는 눈빛

풀 내음처럼
바람에 실려
가만히 다가온 그대—
말없이 곁이 되는 사람

커피 향 한 모금,
그윽한 따뜻함이
내 안으로 스며들 듯
눈빛으로 건네는 다정

그 눈동자에
햇살처럼 번지는 미소

나는 안다
말보다 깊은 마음은
이렇듯 향기처럼
곁에 머문다는 것을

초대 없는 잔치

죽은 줄 알았던
뜰가의 고목,

어느새,
숨결 같은 새순이
햇살을 틔우고

흰 드레스 두른 꽃봉오리들,
몇 날 며칠
찬란한 잔치를 벌인다

눈으론 다 담지 못해
바람 속에 벗겨진 자리마다
아쉬움만 뿌려지고

그 곁,
붉은 옷 입은 철쭉은
다음 순서를 기다리며 분주하다

초대장 없는 봄의 잔치
매일 열린다
내 마음과 몸은
그 안을 건너며
조용히 흔들린다

불꽃이 지나간 자리

그리움은
시원한 바람을 타고
어디쯤 머무는지

나는,
바람이 멈춘 자리에
귀 기울인다

그곳—
바람 한 점 없이
숨죽인 대지 위로

태양은
제 안의 불을 터뜨려
천천히,
더 천천히
세상을 지핀다

불꽃은 번지고

여름은 숨을 헐떡인다

그리움도
이윽고
타오르다
재가 된다

시들지 않는 별의 자리

형형색 꽃들 틈새
조용히 피어난 개망초—
장맛비 스친 들녘 위,
한낮 매미 울음을 뒤로 하고
별빛처럼 숨죽인 채 흔들린다

여름 저물어
계절이 옷을 갈아입어도
그 자리를 떠나지 않고
피고 지고
또 피는 너

마치
한 번도 시든 적 없는
기억처럼

내 마음도
너를 닮아
다시 피어나는 그리움

〉
그대 가슴 한켠에
영원히 시들지 않는
별 하나 되어
머물리라

달빛 붉게 물든 밤

저만치서
숨죽인 달 하나
붉은 숨결로 떠오른다

그리움은
은빛 껍질을 뒤집어쓴 채
불꽃처럼 가만히 타오르고

밤은
안개처럼 스며들다
소녀의 뺨빛처럼
아련히 발갛게 물든다

이 밤,
그대의 이름은
아직도
내 어둠을 비추는 달

그대라는 별빛

그리움은
밤의 숨결을 따라 떠오르고

그대,
이젠 이름보다 빛으로 먼저
내 안에 머문다

깊은 하늘
눈물보다 먼저 반짝이는—
그대라는 별빛

눈 속에 내리신 빛

차갑고 캄캄한 밤,
베들레헴 가장 낮은 숨결에
말구유 하나—
그 안에 빛이 태어났네

심령 가난한 자의 방울눈에
애통하는 자의 등불 아래

별 하나가 길을 짚고
예배당 첨탑 위
고요히 어둠을 젖히면

탐욕과 시비로 얼룩진 세상,
그 위에
하늘에서 내린
하얀 숨결이 소복이 내려앉는다

오, 성탄 새벽
그 이름은

용서이며
평화라네

안부의 노래

문득,
그대가 떠올라
고요한 창가에
안부 한 줄 적어 본다

새벽 바람은
말갛게 유리창을 닦고
기다림의 마음 위로
하늘빛을 드리운다

오늘도
내 안의 창 하나
살며시 열어 두었다

언젠가
파랑새가 다시
푸른 숨결로 날아와

우리의 시간 위에

새벽의 첫 노래를
띄워줄 수 있기를

향기가 머문 자리

향기 속으로
조용히 스며들어
그대와 머물고 싶다

손을 맞잡고 걷던
작은 길 위엔
다정한 시간이 피고

언제나 새로이
꽃 피는 그대의 웃음은
내게 건네는
말 없는 약속

부드러운 시선으로
내 마음을 쓰다듬는 그 눈빛,
기쁨이 되어 흐르고

그대와의 꿈은
말없이 깊어져

바람처럼
내 안에 오래 머문다

라일락의 숨결 아래

봄바람을 따라
우리 사랑은
향기로 젖는다

눈 감으면
라일락 한 송이,
그대 숨결처럼 피어나고

가슴 한 켠
말 못할 설렘이
꽃잎에 묻어 바람을 탄다

라일락 그늘진 오후,
우리는 향기로 말을 잇고
계절은 그 자리에
고요히 물이 든다

온 세상,
라일락 향 하나로
빛을 품는다

초록의 숨결 속으로

꽃잎들이 아침을 연다
빛의 향기 쏟아지는 언덕,
분홍과 노랑, 그 사이로
바람이 조용히 웃는다

하늘은 뽀송한 숨결을 펼치고
구름 한 점,
햇살 위를 조심스레 건넌다

풀잎 틈,
새로 돋은 초록의 손끝이
내 마음 깊이 속삭인다

오늘,
나는 그 잎사귀 사이로
조용히
스며들고 싶다

그대는 매일 처음처럼

하루가 접혀 들면
언제나 그대가 펼쳐진다
다정한 눈빛,
변함없이 나를 바라보는 그 결

시간은 늘 뒤척이지만
그대는 고요히,
새벽처럼
내 마음에 스며든다

익숙함 속에 깃든
설렘 하나—
그대 눈동자에 비친
내가 매일 낯설다

그대는
잊을 수 없는 하루의 처음,
나는
늘 처음처럼
그대를 기억한다

그대 쪽으로 피어

연두빛이 번져드는
온천 같은 오후,
숨결 하나—
너의 향기가
고요히 내려앉는다

하얀 아카시아,
바람에 스치는 꽃잎마다
그대 눈빛이 피어난다

다정한 속삭임이
내 안 깊숙이 젖어
나는 문득
향기 속 그대가 된다

그리움은 꽃이 되어
아름답게, 조용히
그대 쪽으로
피어난다

그대의 이름으로

분홍빛 너울 아래
그대 향기
그리움 되어 스며들고

다시 한번,
그날의 봄길로
돌아가고 싶다

푸른 바람 스치던 오후
손끝에 닿았던 따스함,
햇살보다 눈부신
그대의 웃음이

지금도
내 마음 속 복사꽃 되어
조용히 속삭인다

그리움은
꽃잎처럼 젖어들고

바람은 그 이름으로
나를 흔든다

향기에 빠지다

문득,
향기 하나가 말을 건다
바람에 섞인
헤이즐넛의 낮은 목소리

커피는 늘 거기 있지만
오늘은
조금 더 나를 닮았다

비록
전지현은 아니어도
내 마음 안의 광채는
스스로 아는 법

빠져든다,
카누 한 모금에
흔들리는 일상
고요히, 향기롭게

초록의 언약

한 해의 중턱,
더위는 속삭이며 다가오고
신록은 숨결처럼 빽빽하다

우린
잎사귀에 몸을 기대어
빛나는 결을 따라
윤기 속에 힘을 키운다

심장에 새긴 오월의 불씨—
잊히지 않은 그 뜨거움은
여전히 살아 있다

유월의 숲 아래
우린 다시 선다
초록의 맹세를 품고

심장의 한쪽

너를 좋아한다는 건
가슴 한켠,
은근한 통증으로 피어나는 일

곁에 두고 싶은 마음은
언제나 뜨겁고—
그 뜨거움,
네 심장에서 건너온 빛이었다

한 번도 흔들린 적 없는
너의 눈빛,
내 마음을 꼭 붙든 채
고요히, 오래 머문다

네가 나를 바라보는
그 순간,
시간은 느리게 흐르고
나는
조용히, 행복 속으로 걸어든다

끌림 詩集 005
그대는 계절처럼 왔다

2025년 07월 25일 초판 1쇄

지은이 천승옥
펴낸이 김영태
펴낸곳 도서출판 끌림
책임편집 김한결

출판등록 제2022-000036호
주소 대전광역시 서구 대덕대로 325, 스타게이트빌딩 471호
전화 0502-0001-0159
팩스 0503-8379-0159
전자우편 kkeullimpub@gmail.com

공급처 한국출판협동조합
전화 02-716-5616
팩스 02-716-2999

ISBN 979-11-93305-20-1 (03810)

값 11,000원

ⓒ천승옥 2025

* 이 책은 저작권법에 따라 보호를 받는 저작물이므로 무단 전재와 복제를 금합니다.
* 잘못 제작된 책은 바꾸어 드립니다.